Finanzas Alcanzables

Finanzas para principiantes; La correcta Administración del Dinero.

Por Hernández Samperio, M.A

Bienvenida

¡Hola!

Soy Marco Hernández y te doy la bienvenida a mi Libro.

El objetivo principal de Finanzas Alcanzables es brindar información valiosa que ayude a los lectores en su camino hacia la libertad financiera, detallando, explicando y aportando contenido valioso, ademas de exponer conceptos básicos pero fundamentales sobre las Finanzas, pretendiendo con ello un correcto entendimiento del tema desde su base general.

"Haz crecer tus conocimientos y el dinero crecerá con ellos"

Contenido

1.- Presentación y Agradecimientos
2.- Prologo
3.- Finanzas; Libertad Financiera
4.- Finanzas; Educación Financiera
5.- Finanzas; Inversiones
6.- Finanzas; Bienes Activos y Pasivos
7.- Finanzas; Ingresos Pasivos
8.- Finanzas; Acciones y Dividendos
9.- Finanzas; Plan Personal de Retiro ()PPR
10.- Finanzas; Análisis técnico y Análisis fundamental
11.- Finanzas; ¿Que es La Bolsa de Valores y cómo funciona?
12.- Finanzas; ¿Que son los ETF´S y cómo funcionan?
13.- Finanzas; ¿Que es un Fondo de Inversión y cómo funciona?
14.- Finanzas; ¿Que es una Fintech y cómo funciona?
15.- Finanzas; ¿Que son las Finanzas y cuales son los tipos de Finanzas?
16.- Finanzas; ¿Que es el Crowdfunding y el Crowdlending? ¿Hay diferencia?
17.- Finanzas; ¿Que son las FIBRAS y cómo funcionan?
18.- Biografía

Presentación

Finanzas Alcanzables; Finanzas para principiantes.

El trabajo presentado en este libro lleva el título de **"Finanzas Alcanzables"**, es una obra escrita y redactada como parte de una historia de vida personal.
En algún momento, y al igual que muchos, busque ayuda financiera con la intensión de salir del hueco económico donde estaba y donde no quiero volver, logrando así, entender lo básico pero fundamental sobre las Finanzas Personales; "La correcta Administración del Dinero".

El proyecto consiste en dar a entender los conceptos básicos de las Finanzas e Inversiones en general, "No puedes correr sin antes aprender a caminar"; Literal.

Cuando comencé a escribir tuve muchas dudas, inquietudes, miedo, vergüenza y algunos otros sentimientos encontrados, pero son muchas más las ganas de expresarme, y mas que nada, de compartir lo aprendido con alguien más, fue por eso que tomé la decisión y aquí estamos; "El conocimiento es para compartirlo, no lo atesores."

Agradecimientos

Quiero agradecer a mi familia, amigos y personas en general que creyeron en mi y que me apoyaron en este camino, también quiero agradecer a esas personas que nunca significaron nada en mi vida y que no tengo algún otro sentimiento hacia ellas más que "Gratitud"; Gratitud porque sin su desmotivación mis ganas no hubieran sido tan grandes para demostrar lo que soy y lograr esta obra.

Este trabajo se lleva a cabo por cuenta propia y con la intención de ayudar a aquellos que lo necesitan.

Espero que disfruten de la lectura y sobre todo los ayude en su camino hacia La Libertad Financiera.

"Haz crecer tus conocimientos y el dinero crecerá con ellos."

Prólogo

Muchas veces por el momento en el que nos encontramos no analizamos a fondo lo que en verdad nos conviene, cayendo en situaciones aún peores, y hablo de la vida en general, pero en el mundo de las Finanzas no es diferente, por la premura de mejorar nuestra situación actual no nos enfocamos en la base y queremos dar un salto a la punta, o como dicen, "Queremos correr sin antes aprender a caminar".

Por eso, con este libro quiero poner en principio los conceptos básicos de las Finanzas y la Educación Financiera.

Todos en principio necesitamos aprender lo básico, lo principal y primordial del tema en general, para así, poder desenvolverse mejor en el futuro, y con ello, lograr llegar al punto de interés, es por eso que en este libro trato de explicar algunos de los conceptos que considero de los más relevantes y de mayor interés para quien comienza en este mundo de las Finanzas.

"Haz crecer tus conocimientos y el dinero crecerá con ellos"

Finanzas; Libertad Financiera

¿Que es la Libertad Financiera?

"La libertad financiera es poder vivir el estilo de vida que deseas sin depender de nadie".

Todos en algún momento soñamos con ser financieramente libres, pero, ¿Esto es posible?.
La respuesta es SÍ, aunque es bien sabido que para nosotros "los mortales" que no nacemos en "cuna de oro" o con un "apellido de renombre" es mas difícil, y a veces pareciera imposible; pero no, no lo es, con una educación financiera correcta es posible.
Hoy en día hay infinidad de cursos online, libros, blogs y artículos sobre Educación Financiera, ademas de muchos instrumentos de Inversión que nos facilitan la vida y harán crecer tu dinero para lograr lo que anhelas, y aunque en la escuela no nos enseñan a ser financieramente responsables, las subidas y bajadas que nos da la vida nos obliga a entender, o al menos, a tratar de entender y manejarnos financieramente estables, y con la ayuda de la tecnología nos es menos difícil, basta con poner solo un poco de nuestra parte para lograr nuestros objetivos, y si algo debemos tener bien claro, es que nada es de la noche a la mañana, toca "picar piedra" y no basta con soñar, se requiere tener en mente el objetivo y enfocarse al cien.

"La libertad financiera es el poder vivir el estilo de vida que quieres sin tener que trabajar o depender de alguien".

Dime, ¿Quien no quiere eso?.
Lo sé, al final todos queremos lo mismo, tiempo/dinero.
Dinero para no preocuparse, cubrir nuestros gastos y darnos algunos lujos.
Tiempo con la familia, amigos, y de calidad en nuestras vidas.
Y sí, hay quienes no queremos tener millones ni lujos extravagantes, pero si queremos ese tiempo, tiempo para meditar, tiempo para escribir, tiempo para reflexionar, tiempo con la naturaleza, tiempo con la familia, amigos, etc., dime, ¿Quién no ha soñado con poder levantarse una mañana y decidir qué hacer y a donde ir sin tener que preocuparse si es la decisión correcta o si repercutirá en el mañana?
Y también se qué habemos otros a quienes nos interesa más el dinero, los lujos, el derroche y la vanidad, ¿Quién no a querido sentarse a comer con la familia o amigos, en el mejor restaurante sin mirar los precios?
Pero, ¿Y por qué no las dos (tiempo/dinero)?, ¡se vale!, ¿Quien no a querido darse una escapada a ese lugar fantástico y especial sin tener que pedir "permiso" a su empleador y sin preocuparse del ingreso?.
Creo que todos nosotros, o por lo menos la mayoría lo hemos anhelado, y digo la mayoría por que el otro pequeño porcentaje es tal vez aquellos que ya lo consiguieron, al final el camino (La Educación Financiera) es el mismo, y el objetivo (La Libertad Financiera) también.
Pero bueno, cualquiera de estos que sea nuestro objetivo tenemos que tener en mente los tres pilares fundamentales

de La Educación Financiera si lo que queremos es llegar a ello, ¿Y cuales son esos pilares?.

FUENTE DE INGRESOS, AHORRO e INVERSIÓN.

Fuente de ingreso: De donde viene nuestro dinero.

Ahorro: Cuanto destinamos para eso que anhelamos.

Inversión: Cómo hacemos crecer ese dinero.

Recuerda que tenemos que ser pacientes y trabajar duro, tenemos que buscar la forma de hacer crecer nuestros ingresos/ahorros y la inversión crecerá sola, busca tener ingresos pasivos para mejorar tus finanzas, crea metas y objetivos, ya que recuerda que sin metas ni muros solo hay acantilados.

"Tener dinero no es un mérito, el verdadero mérito es la forma en la qué haces tú dinero".

Finanzas; Educación Financiera

Si tan solo alguien a temprana edad nos hubiera dicho la importancia de esta disciplina, tal vez nuestra forma de ver al dinero cambiaría, ¿Por qué tenemos que ser esclavos y trabajar para el cuando podemos hacer que el trabaje para nosotros?, ¿De que lado queremos estar?, creo que la respuesta es obvia.

Pero a todo esto, primero. ¿Que es la Educación Financiera?
Bueno, pues como ya sabemos, no es una materia que nos enseñarán en la escuela (qué deberían, pero no es así).

"La educación Financiera es la capacidad para comprender cómo funciona el dinero dentro de una economía familiar y los mecanismos que permiten la correcta gestión de sus finanzas personales para garantizarse una calidad de vida presente, futura y plena".

A grandes rasgos, es solo **"LA DISCIPLINA DEL DINERO",** que haces con el dinero, cómo manejas el dinero, y lo más importante cómo hacer trabajar al dinero para ti.

Nosotros nos desvivimos, invertimos tiempo y trabajamos duro por dinero, ¿Pero por qué no al revés?, y ¿Como hacemos para que eso pase?, bueno, pues es ahí donde nos toca poner aún más de nuestra parte con una buena administración de nuestros ingresos y egresos, no basta con tener un ingreso estable y guardar un poco de dinero en el "cochinito" o debajo del "colchón" si en verdad queremos obtener la Libertad Financiera que tanto anhelamos, tenemos que aprender a manejar el dinero y hacerlo crecer con conocimiento, ideas y estrategias, sin tener en cuenta que el dinero guardado pierde su valor con el pasar del tiempo, y no es que tu billete de $20 pesos ya valga $10, si no que pierde su poder adquisitivo por la inflación del país (o bien, si ayer con $30 pesos comprabas un kilo de huevo, dentro de un año con esos mismos $30 pesos seguro ya no podrás, ya que la inflación hará su trabajo, que es encarecer los insumos), esto es cuando nos referimos a que el dinero pierde valor, y justo ahí es donde entra La educación Financiera y con ella las inversiones.

Finanzas; Inversiones

Hoy en día es muy fácil acceder a instrumentos de inversión y no se necesitan grandes cantidades de dinero, solo basta con un poco de efectivo y tener constancia ligada a la paciencia.

Pero bueno, vamos por partes. ¿Que son las inversiones?

"Una inversión es el acto de postergar el beneficio inmediato del bien invertido con la finalidad de obtener un beneficio futuro".

Bien, una inversión es **"gastar en bienes para producir más bienes"**, es decir retrasar el uso de tu dinero (bien) con la intención de obtener un rendimiento futuro (ganancia), esto, sin olvidar que hay tres factores muy importantes para analizar en una inversión: RENDIMIENTO, RIESGO y TIEMPO.

El rendimiento es la ganancia a obtener.

El riesgo es la probabilidad de obtener esa ganancia.

El tiempo es cuando se obtendrá la ganancia.

Además tenemos que tener en cuenta que no solo se invierte dinero, también se invierte tiempo y conocimiento, y te puedo asegurar que son las mejores inversiones si lo

haces en ti mismo. Si tienes una idea de negocio o si eres bueno en algo, invierte tiempo.
(Tiempo+Conocimiento=Dinero) este último es el beneficio obtenido.

El escritor, inversor y orador Robert kiyosaki en su libro **"El cuadrante del flujo del dinero"**, menciona que si tu inviertes tiempo/trabajo, solo y únicamente tendrás que trabajar más duro y más tiempo para que el dinero crezca, si inviertes conocimiento/tiempo, el crecimiento del dinero será exponencial y solo dependerá del conocimiento invertido. Dentro de ese cuadrante podrás ser empleado, auto empleado, empleador o inversionista, entonces, en el primero trabajas para el dinero y en el último el dinero trabaja para ti; Libertad Financiera.

¿Y cuáles son esos instrumentos?

Fintech's (financieras tecnológicas).
Cete's (certificados de tesorería).
Etf's (fondos indexados, canasta de acciones).
Acciones (partes de empresas listadas en bolsa de valores).
P2P (Person to Person, préstamos de persona a persona).
Fondos de Inversion, étc.

Cada uno de estos instrumentos de inversión requiere de una investigación minuciosa ya que tienen un nivel de riesgo/rendimiento diferente dependiendo de la volatilidad del mercado oferta/demanda.
Cualquiera de nosotros lo podemos hacer con una correcta Educación Financiera, tenemos instrumentos financieros regulados por la CNBV (Comisión Nacional Bancaria y de

Valores) como los antes mencionados, donde basta una simple aplicación para comenzar a invertir.

"Las grandes edificaciones comienzan con un ladrillo y lleva tiempo culminarlas, comienza, se constante y ten paciencia, solo así lograras el éxito financiero".

Finanzas; Bienes Activos y Pasivos

Todos en algún momento adquirimos algo por gusto, por vanidad, para demostrar que podemos, por ego, o porqué simplemente se nos dio la gana, pero, ¿Te haz puesto a pensar la cantidad de dinero que pudieras haber ahorrado o invertido en vez de gastar en eso?, ¿Por qué no mejor sacarle provecho a lo que adquieres?.
Esto es una de las partes que la Educación Financiera nos enseña (adquirir bienes Activos en vez de gastar en bienes Pasivos), Comencemos.

¿Que es un Activo?

"Un bien Activo es aquel que se posee y del cual se puede obtener un beneficio económico."

En Contabilidad para una empresa un Activo son sus bienes y derechos, y en Finanzas para una persona no es muy diferente, un Activo son los bienes que te dejan una remuneración económica.

Es decir, para las empresas los Activos son su maquinaria, su mobiliario, su equipo de cómputo, sus terrenos, sus edificios, etc., ya que les está dejando un beneficio cuantificable y económico, para una persona es similar, pero solo si te deja esa remuneración económica.
Si tienes una casa propia donde tú vives es un bien, pero no un Activo, ¿Por qué?, Porque gastas en darle un mantenimiento, por otro lado, si tienes esa casa propia

pero la rentas, eso sí es un Activo ya que estás obteniendo ese beneficio económico, lo mismo pasa con un coche propio, se convierte en un Activo cuando lo pones a trabajar para ti.

¿Y que es un Pasivo?

"Un bien Pasivo es aquel que se posee y que genera un gasto y/o perdida."

En contabilidad para una empresa los Pasivos son las deudas y obligaciones, y en Finanzas los Pasivos son los bienes que adquirimos y que no dejan algún beneficio económico, además de que pierden su valor adquisitivo.

Es decir, si tú compras el teléfono celular de última generación y lo ocupas solo para redes sociales y presumirlo, eso es un Pasivo, ya que el teléfono estará perdiendo su valor y no le estarás sacando algún provecho ni beneficio monetario, lo mismo pasa con un vehículo, si el uso que le das es personal solo estará perdiendo valor, además del gasto en mantenimiento que estará egresando de tus bolsillos.

Al final es a lo que todos queremos llegar, comprar ese teléfono o vehículo último modelo y vivir en una casa grande y bonita, pero todo lleva tiempo, esfuerzo y paciencia, ¿Por qué no luchar y esperar en vez de pagar de más o malgastar?.

Pongamos un ejemplo.

Si tú tienes tres vacas y ellas te dan tres vasos de leche al día, podrás desayunar, comer y cenar un vaso durante el tiempo que te duren esas vacas, pero veamos, un día decides que te harto la leche sola y quieres hacer un pastel que se te antojo mucho, y ¡oh rayos! necesitas nueve vasos de leche y no los tienes, te preguntas ¿Como le puedo hacer?, bueno pues existen dos formas, vas y pides esos nueve vasos de leche prestados y/o te limitas nueve días para poder juntar un vaso al día, ¿Que difícil verdad?, porque si pides esos vasos de leche "fiados" hoy mismo comerás pastel, y si esperas a ahorrar esos vasos de leche tendrás que esperar nueve días para devorar ese delicioso pastel.

Lo qué tal vez no ves (o no quieres ver), es que si tomas la primera opción tendrás que pagar, no nueve, si no doce vasos por los intereses, y todo por no tener paciencia, ahora ya no te limitarás nueve días por ahorra, serán doce para pagar, y eso pensando que las vacas seguirán dando los mismos vasos al día, ¿ y si dejan de dar leche? Pues tendrás que buscar otra vaca y no será nada fácil, entonces, ¿Si pones todas las circunstancias posibles ya no se oye tan bien verdad?

Sí, yo se que sería aburrido y monótono tomar siempre lo mismo, pero, ¿Vale la pena pagar tanto por no esperar?, ¿verdad que no?.

Evitar gastos innecesarios, pagar de más, regalar y/o malgastar tu dinero, es otra parte de la Educación Financiera.

¡Espera! ¿Y no estaría aún mejor ser el que le presto la leche y comer el pastel echo con la leche de los demás? ¡Pues

obvio si!. Pero él fue quien un día tomó la decisión correcta, se limitó, ahorro e invirtió.
Esta es la otra parte de lo que una buena Educación Financiera te enseña (Ahorro, Inversión, Emprendimiento).

Así pasa en la vida, la leche es el dinero, las vacas tu "trabajo estable", y el pastel es ese "gusto" o "lujo" que tanto anhelamos, debemos de pensar en el mañana y ser pacientes, tenemos que crear ingresos y comprar activos, ya habrá tiempo para cosechar los frutos de nuestro trabajo y empeño.

Y sí, siempre hay un pero, "pero la vida se acaba", "pero solo se vive una vez", etc., ¿Te haz puesto a pensar en la probabilidad de llegar a una edad avanzada?, Bueno, pues esa probabilidad de que llegues a una edad de vejez es de 50/50, coloquialmente, puede que si o que no, nadie puede saber el futuro, pero, ¿Por qué no estar preparado para esa edad de retiro? ¿Por qué no pensar en un PPR (plan personal para el retiro)? ¿Por qué apostar al azar? ¿Vale la pena? No lo creo.
No apuestes al azar, prepárate para el mañana, busca formas de ganar y hacer crecer tu dinero.

Finanzas; Ingresos Pasivos

Desde que vamos a la escuela nos "configuran" para ir acorde al sistema, nos enseñan que tienes que terminar una carrera universitaria para tener un "trabajo formal", en casa te enseñan como formar un hogar, te enseñan que el objetivo es "trabajo-casa-familia", y digo, no es que eso esté mal, pero ¿y donde están nuestros sueños?
¿Donde queda el tiempo para disfrutar? ¿De donde sacamos el dinero para derrochar?, eso nunca no lo enseñan, ¿Por qué no nos hablan de Administración Financiera, Ahorro, Emprendimiento, Inversiones?, tal vez el sistema quiere lo primero, pero no vamos entrar en debate, ya estamos aquí y es lo que importa, hablemos de cómo obtener una Libertad Financiera.

¿Que son los Ingresos Pasivos?

"Los Ingresos Pasivos son los beneficios económicos que se obtienen sin hacer algún trabajo en particular".

A diferencia del Ingreso Pasivo, el ingreso activo es donde se obtiene beneficio económico solo y únicamente por tu trabajo.

Es decir, en un Ingreso Activo se obtendrá beneficio económico, y solo será remunerado por el tiempo/esfuerzo cuando tú estés presente, y en un Ingreso Pasivo solo bastará con la primera idea para seguir siendo remunerado y no dependerá de tu presencia total, si no solo de un leve mantenimiento de vez en cuando.

Las ventajas de este último son tres en específico:

-Te permiten mayor ahorro ya que son una fuente de ingresos adicional.

-Son tu plan b si tu "trabajo formal" se termina.

-Te permiten administrar mejor tu tiempo, ya que tú decides cómo y en donde generar esos Ingresos Pasivos.

En Contabilidad el término "pasivo" quiere decir pérdida/deuda, y a pesar de que la Contabilidad y las Finanzas son dos disciplinas que van de la mano, el término "pasivo" no significa lo mismo, en Finanzas nos referimos al término "no requiere esfuerzo".

¿Y cómo podemos generar esos Ingresos Pasivos?

Hay varias maneras, por ejemplo, si eres bueno en algo crea contenido digital, tal vez un canal de YouTube o una página de Facebook, (en estas plataformas hay espacio para todos y de todos los gustos), si te gusta escribir, quizá un curso online o un blog sean una opción, si tal vez tienes buenas ideas inicia un emprendimiento (un negocio online o físico), o tal vez si te interesa el tema de las inversiones investiga un poco y forma un portafolios propio de inversión bien diversificado para minimizar los riesgos y aumentar los rendimientos **"no pongas todos los huevos en una sola canasta"**.

El punto es iniciar, hacer lo que te gusta y sacar provecho de todo, de eso se trata, busca obtener varias fuentes de ingresos (Ingresos Pasivos) por si una se termina tengas un plan de respaldo, compra activos en vez de pasivos, no es tan difícil pero se tiene que dejar de ser conformistas y volverse más ambiciosos para no "desperdiciar" ni "regalar" nuestro dinero, (en el buen sentido de las palabras), dime, ¿Cuantos de nosotros que somos asalariados y que ganamos menos de $400,000 pesos M/N anuales, hacemos la declaración anual complementaria ante el SAT?, y aunque no es obligatorio es un beneficio monetario para nosotros, ¿Cuantos de nosotros solicitamos factura en el dentista, en los análisis clínicos, al comprar tus lentes ópticos graduados, compra de prótesis, créditos hipotecarios, honorarios a enfermeras, etc.? (El beneficio te incluye a ti y a tu familia en línea recta), ¿Tampoco verdad?. Si no lo haces ese dinero prácticamente lo olvidas, lo regalas, lo abandonas, y lo peor es que no es para nada difícil hacer una declaración complementaria, pero, ¿Que flojera pedir factura y pagar con tarjeta, que flojera ir a realizar un pequeño trámite para obtener tu cuenta, que flojera leer un poco verdad?, esa es la mentalidad que debemos cambiar, volvemos a lo mismo; **"Haz crecer tus conocimientos y el dinero crecerá con ellos"**.
Por pequeña que parezca esa fuente de ingresos es "extra", fuera de tu ingreso habitual, y esos pequeños ingresos son los que te facilitarán el ahorro/inversión.

"¿Como ganas tu dinero, trabajando para una empresa, invirtiendo en esa empresa o creando tu propia empresa?"

Finanzas; Acciones Y Dividendos

Generar ingresos mientras duermes (Ingresos Pasivos), que tu dinero en vez de perder valor por el pasar del tiempo aumente, que lo primero que veas al revisar tu teléfono celular o tu computadora en las mañanas sea un mensaje de tu Bróker (casa de bolsa) donde te diga que recibiste un pago extra por tener Acciones de una empresa en tu portafolios de inversión, o que esas empresas "agradezcan" esa inversión, eso es lo que muchos queremos, y justamente de eso se tratan las acciones y dividendos.

¿Que son las Acciones?

"Las Acciones son títulos de propiedad de una fracción de una empresa".

Es decir, son partes proporcionales de una "X" empresa que pueden ser adquiridas por un inversor con la finalidad de que ambos (Empresa-Inversor) obtengan un beneficio monetario.

Si una empresa esta en crecimiento y quiere obtener mas fondos para esto, tiene dos opciones; pedir un préstamo bancario o poner a la venta una parte de esta empresa, bueno pues la empresa analiza que pedir un préstamo bancario no sería la mejor opción por el pago de los altos intereses que este le cobraría, es entonces que deciden poner a la venta partes de la empresa para obtener esos

fondos para su crecimiento, a esas pequeñas partes se les llaman "Acciones".
Ejemplo.
Esta empresa "X" tiene un valor de $100,000,000 de pesos y puso a la venta 1,000,000 de Acciones para lograr su crecimiento, entonces, cada Acción vale $100 pesos, eso quiere decir que si compras una sola Acción serás propietario de una millonésima parte de dicha empresa.

Ahora.

¿Que son los Dividendos?

"Los Dividendos son parte de las ganancias económicas de una empresa que se distribuye entre sus accionistas".

Es decir, un dividendo es parte del beneficio económico obtenido por la empresa y que es destinado a la repartición entre accionistas.
Veamos.
La empresa "X" tuvo un crecimiento durante todo el año generando grandes utilidades (Ganancias) y quiere compartirlo con todos repartiendo una parte a cada miembro accionista, a esto se le conoce como pago de Dividendos.

Ejemplo: Esta empresa "X" genero utilidades por $10,000,000 de pesos durante el año y los quiere repartir con sus accionistas entregando partes proporcionales por cada Acción, tiene 1,000,000 de acciones a la venta, queriendo decir que si tu eres dueño de una Acción serás

acreedor a $10 pesos, pero si eres dueño de 100 Acciones entonces serás acreedor a $1000 pesos.
Bueno y por si te preguntabas ¿qué es un accionista?
"Un accionista es aquel que hace parte de la empresa por la compra de Acciones".

Entendamos.
Tú inviertes comprando una acción de una empresa con el objetivo de obtener un beneficio, con el pasar del tiempo esa acción podrá subir o bajar su valor dependiendo de muchos factores (Volatilidad), bueno, pues si sube, esa sería la primer forma de obtener beneficios con la enajenación de acciones.
Sigamos, tú destinaste parte de tu dinero a esa empresa comprando esas acciones y así la empresa pudiera ocupar ese dinero (tu inversión) y destinarlo para su crecimiento, la empresa con el pasar del tiempo obtiene beneficios económicos (utilidad) y decide destinar una parte de esa utilidad para seguir aumentando su crecimiento (expandir tiendas, comprar maquinaria, mobiliario, etc.) y la otra parte de la utilidad la destinan a los accionistas entregándoles un "X" porcentaje por acción, esto, en motivo de "agradecimiento", y es lo que se conoce como dividendo, siendo esta la segunda forma de obtener beneficios con la enajenación de acciones.

Hay que tener en cuenta que no todas las empresas entregan esos dividendos, y si lo hacen pueden en cualquier momento dejar de hacerlo, este es un "beneficio" extra que algunas empresas tiene, una "gratificación" por ser parte de ellas, pero no es una obligación.

Todo depende de tu estrategia de inversión, pero invertir en una empresa ya consolidada puede ser una buena forma de obtener grandes rendimientos, ya sea con la primera o segunda opción.

No olvides que cualquiera que sea la estrategia necesitas hacer un Análisis Técnico y un Análisis Fundamental de la empresa para poder minimizar en lo mayor posible el riesgo de inversión.

Analiza bien la estrategia y toma la mejor decisión, ten paciencia, esfuérzate, persiste y verás cómo las cosas se van dando.

Finanzas; Plan Personal de Retiro (PPR)

A veces pensar en el futuro a algunos nos pone nostálgicos, el solo pensar en todo lo que conlleva el pasar del tiempo nos da aflicción, pero es algo que va a ocurrir y que no tenemos control sobre ello, lo que si podemos controlar es la situación económica en la que queremos llegar a esa edad, ¿Alguna vez te has preguntado de que vas a vivir cuando llegues a la vejez?, ¿Has pensado por lo menos en la forma de cómo vas a solventar tus gastos económicos?, ¿Oh has calculando si con el dinero en tu cuenta te va a alcanzar?, bueno pues la realizad es que la gran mayoría ni idea tienenen de todo esto, pero aún estamos a tiempo para hacer cambios.

Primero, ¿Qué es el Afore?

"El Afore (Administradoras de Fondos para el Retiro) son instituciones privadas encargadas de administrar los fondos económicos de los trabajadores afiliados del IMSS, ISSSTE, y/o INDEPENDIENTES (también pueden), teniendo como objetivo entregar una pensión al trabajador en su retiro (jubilación)".

Es decir, a lo que normalmente llamamos erróneamente "Afore" es al ahorro que vamos acumulando para nuestra vejez, y lo que en realidad pasa es que esa Afore administra e invierte ese ahorro, y por si te preguntas de donde sale ese ahorro, si, lo haces tú, tu patrón y el gobierno, cada uno pone una parte.

Ahora sí, ¿Qué es un PPR?

"Un PPR (Plan Personal de Retiro) es también un instrumento financiero que te permite ahorrar e invertir tu dinero y a su vez hacerlo crecer lo suficiente para poder vivir los años posteriores a tu retiro".

Es decir, en este instrumento tu creas un plan específico que se adapte totalmente a tus necesidades poniendo un monto total para tu retiro como propósito, y en base a eso serán tus aportaciones, el nivel de riesgo y con eso el retorno de tu ahorro-inversión, este instrumento financiero es un complemento de tu Afore, esto quiere decir que no es uno mejor que otro, sino que simplemente se complementan para obtener el retiro que deseas.

Veamos un ejemplo.
Si tú tienes 30 años y te quieres retirar a los 65 años con un monto mínimo de $6,000,000 de pesos M/N, bastaría con realizar aportaciones voluntarias de $2000 pesos mensuales, invirtiendo a un 8% anual e incrementando las aportaciones solo un 3.5% anual (para emparejar con la inflación), así lograrías el retiro con la nada despreciable cantidad de $6,625,781 pesos M/N, pero ahora, si solo ahorras ese dinero, tu saldo final de retiro sería de $1,600,177 pesos M/N, ¿Vez la importancia de invertir?. Otras de las grandes ventajas del PPR es que tú puedes decidir cómo invertir, al ser una inversión de largo plazo tu dinero conserva su valor frente a la inflación, cuentan con

seguro de vida o invalides, además que gozan de beneficios fiscales y sus aportaciones son deducibles de impuestos. Pero obvio no podemos dejar a un lado nada y tenemos que tener en cuenta que los instrumentos financieros como los PPR o Afores son instrumentos de muy largo plazo.
Si, yo se, se oye eterno, pero, **"mejor pensar en el futuro que queremos, que sufrí por un pasado que no podremos cambiar"**.

Siembra esa semilla hoy y cosecha esos frutos mañana, nunca te rindas, cree en ti mismo y empieza hoy, por una Libertad Financiera.

Finanzas; Análisis técnico y Análisis fundamental

A la hora de hablar de nuestro ahorros e inversión todos queremos el mayor rendimiento (ganancia) con el menor riesgo posible (perdida), pero debemos tener bien claro que el invertir en Acciones no es como jugar a la lotería ni hacer apuestas al azar, entonces, ¿De que manera podemos minimizar el riesgo en un mercado tan volátil como La Bolsa de Valores (sube/baja), donde solo se especula al alza o a la baja (oferta/demanda)?, bueno, como ya vimos, ni La Educación Financiera ni las Inversiones son tarea fácil, pero tampoco imposible, existen herramientas de las que nos podemos apoyar para minimizar esos riesgos y a su vez especular sobre algunos activos financieros y así obtener un beneficio monetario, comprar barato y vender caro (al final esa es la meta). ¿Y cuales son esas herramientas?, Pues estas herramientas son el Análisis técnico y el Análisis fundamental.

¿Que es el análisis técnico?

"Es el estudio de activos financieros que se realiza en base a movimientos históricos de precios y patrones en gráficos".

Es decir, el Análisis técnico se basa en tendencias que un activo financiero a tenido a lo largo del tiempo, basándose en gráficos y especulando sobre sus patrones lineales y precios a través del tiempo.

Ahora.

¿Que es el Análisis fundamental?

"Es el estudio de activos financieros que se basa en factores financieros y económicos (estudios)".

Es decir, es el estudio que se realiza con "fundamentos", con análisis de los estados financieros, reportes de pérdidas y ganancias, informes, noticias, estadísticas, etc., literal se basa en todo aquello que pueda proporcionar información relevante de este activo, y con ello lograr especular de manera menos riesgosa.

En general.

Aquel que realiza análisis fundamental se le conoce como "Inversor", mientras que el que realiza análisis técnico es conocido como "trader", el primero normalmente mantiene sus posiciones a largo plaza (días, semanas, meses o años), mientras que el segundo mantiene posiciones en muy corto plazo (días, horas, minutos o segundos), pero también llega a tener posiciones de largo plazo.

Un buen inversionista suele utilizar las dos técnicas para el estudio de sus activos financiero, minimizando en su mayoría el riesgo y maximizando la ganancia a la hora de realizar especulaciones y entradas en La Bolsa de Valores, sabiendo que ninguna técnica es mejor que otra, pero que si depende de la estrategia de inversión y el nivel de riesgo que se desea tomar, además del tiempo que se quiere esperar para ver los rendimientos.

En una buena estrategia de inversión en La Bolsa de Valores se necesita de ambos, el Análisis técnico se ocupará para saber "CUANDO" comprar, mientras que el Análisis fundamental se ocupará para saber "QUÉ" comprar, entonces volvemos al inicio, ninguna es mejor que otra, si no que solo se complementan.

Hacer un análisis, es literal hacer la mayor investigación posible sobre esa empresa en la que deseas invertir, desde saber su desempeño en tiempos pasados, conocer su presente y hasta tratar de predecir su futuro con la mayor certeza posible, y así, saber si es o no una buena opción de inversión.

Busca la estrategia de análisis que más se acomode a tus necesidades, investiga, enfócate y ve por ello.

Finanzas; ¿Que es La Bolsa de Valores y como funciona?

Todos como inversionistas en algún momento hemos soñado con formar parte de empresas multi-nivel, o ser accionista de una de estas, tal vez porqué nos gustan sus productos o porqué le vemos un crecimiento futuro enorme, dime, ¿Quien no ha pensado en ser copropietario de una de estás empresa muy grandes y de renombre internacional, o por lo menos de una parte? Creo que muchos de nosotros, y no solo los que ya manejamos inversiones, si no todos en general, pero, ¿Es esto posible?, Pues si, si lo es, y esto es más fácil de lo que parece, no es que se pueda tomar a la ligera pero tampoco es imposible, y justamente de todo esto trata La Bolsa de Valores.

¿Que es La Bolsa de Valores?

"La Bolsa de Valores o también denominada Mercado de Valores es un Mercado donde participan segundas partes, los que demandan capital (dinero) y los que están interesados en invertir (dinero) para obtener un rendimiento".

¿Y como funciona La Bolsa de Valores?

La Bolsa o Mercado de Valores funciona como cualquier otro Mercado, solo que en lugar de frutas, verduras, especias, o carnes, encuentras empresas; empresas que necesitan un financiamiento y que ponen a la venta fracciones de ellas.

Veamos.

En la bolsa de valores existen dos mercados, el Mercado primario y el Mercado secundario.

El Mercado primario es cuando la empresa directamente pone a la venta parte de la empresa (acciones) para obtener un financiamiento y así lograr un crecimiento y/o expansión.

Ejemplo: Tu tienes una pequeña empresa de productos de limpieza que tiene un valor total de $100,000 pesos, "X" persona se da cuenta del potencial de la empresa y desea convertirse en socio ofreciéndote $25,000 pesos por una parte de tu empresa, si tú tomas ese dinero para invertirlo en la empresa, está, ahora tendrá un valor de $125,000 pesos pero "X" persona será dueña del 20%, esto es el Mercado primario, compra directa entre inversor-empresa.

El Mercado secundario es cuando se transfiere la propiedad de los activos financieros que ya han sido emitidos previamente en el Mercado primario.

Ejemplo: siguiendo con lo anterior; "X" persona ya es dueña del 20% de la empresa de productos de limpieza, pero ahora "Y" persona también quiere ser parte de esta empresa, tú ya no quieres vender más partes de tu empresa, pero "X" persona si está dispuesta a vender su parte por una mayor cantidad de la que compro, y entonces decide venderle ese 20% de la empresa a "Y" persona por $30,000 pesos, obteniendo está, un rendimiento de $5,000 pesos, y ahora, quedando como tu socio "Y" persona.

La empresa "Productos de limpieza" ya no tuvo una participación directa, ni rendimiento o ganancia con esta transacción, siendo este el Mercado secundario, transacciones entre inversor-inversor.

Entendamos.

El primer ejemplo fue algo muy simple y básico, para entendimiento general, pero en la vida real La Bolsa de Valores no funciona de esa manera, no es que sea más difícil, pero tampoco es como que puedas ir con la empresa directamente a quererle comprar una parte, para eso tiene que existir un intermediario empresa-inversionista (broker), y posterior realizar las transacciones en el mercado secundario.

La verdad es qué hay que entender muchas cosas antes de empezar a invertir en un mercado tan volátil (sube-baja) como lo es La bolsa de Valores, tenemos que entender que son los Etf's, que es una acción y cómo funcionan, entender que La Bolsa de Valores funciona en base a oferta-demanda, además de cómo saber en qué empresa invertir con un Análisis técnico y un Análisis fundamental.

Finanzas; ¿Que son los ETF'S y cómo funcionan?

Siempre que empezamos en el tema de inversiones buscamos algo conservador y para nada agresivo, ya que aún tenemos "miedo" (por ser novatos) de perder nuestro dinero, y obvio, nadie quiere eso, buscamos mas inversiones pasivas, inversiones que no nos hagan temblar de miedo, y donde podamos obtener un buen rendimiento con el menor riesgo, y es entonces que nos preguntamos, ¿Donde podré empezar?, creo que la respuesta sería: con un Etf, ya que es una excelente opción.

¿Que es un ETF?

"Un Exchange trade fund (por sus siglas en inglés), o también conocidos como fondos cotizados, son "hibridos" entre acciones y fondos de inversión que se manejan en el Mercado de valores secundario y que principalmente sigue un índice bursátil, es en sí, una canasta, ya sea de acciones, bonos o materias primas".

¿Como funciona un ETF?

Entonces, un ETF es una canasta de "X" activo financiero o un grupo de "X" activó financiero, el cual está listado en un Indice Bursátil. Bueno; si se comprara un ETF del índice bursátil S&P 500 (por ejemplo), se estarían comprando las 500 empresas tecnológicas que están dentro de este índice, dándote esto, una mayor diversificación y minimizando el riesgo de pérdida, siendo esta de las mejores inversiones pasivas.

Y si, tal vez parezca que comprar una acción ya es caro, ¿como es posible comprar una acción de cada una de las 500 empresas, debe ser carísimo?, pues no, no es así, recordemos que en un Fondo de Inversión un grupo de inversores juntan capital para obtener ese activo financiero, entonces veámoslo así: Todo será en partes proporcionales (ganancia-perdida), además que no será nada agresivo, será muy conservador y de buenos rendimientos a largo plazo.

Ejemplo.
Si tú inviertes tu dinero en una sola empresa tecnológica correrás un riesgo alto de sufrir pérdidas, ya que tú inversión y rendimiento dependerán sólo de si sube o baja su valor, pero, en cambio si inviertes en un Etf que tiene listadas a las 500 empresas tecnológicas tendrías una mayor probabilidad de que fuera diferente, tal vez esa misma empresa tecnológica mencionada antes baje su valor, pero las otras 499 suban, seguirás con números verdes por la diversificación, ¿Verdad que si conviene?.

Recuerda que siempre lo vas a escuchar de un inversionista o financiero, **"La mejor manera de minimizar riesgos es diversificando"**, haciendo esto, alusión a que no inviertas todo tu dinero en un solo activo, ya que si este cae, perderás todo.

Un Etf intenta minimizar lo máximo posible el riesgo de perderlo todo por invertir en un solo activo, poniendo varios de esos activos en ese fondo.

Finanzas; ¿Que es un Fondo de Inversión y cómo funciona?

Cuando empezamos en el mundo de las inversiones pero aún no nos sentimos capaces de llevar nuestra propia estrategia de inversión por miedo de perder nuestros ahorros, es conveniente acercarnos con un experto financiero para que el se encargue y que nosotros podamos dedicarle muy poco tiempo a ello, ¡claro! sin dejar de capacitarnos y adentrándonos cada vez más en nuestras finanzas personales, y así llegar a manejar mejor nuestro dinero y obtener cada vez mejores rendimientos.
Bueno, pues otro buen instrumento para iniciar y que nos permite lo ya mencionado, es un Fondo de Inversión.

¿Que es un Fondo de Inversión?

"Un fondo de inversión es un mecanismo o vehículo de inversión a través del cual se administra un patrimonio común aportado por un grupo de personas que desean invierten su capital para obtener un rendimiento".

¿Y como obtienen esos rendimientos?
Construyendo una "canasta" diversificada de activos financieros.

¿Como funciona un fondo de inversión?

En un fondo de inversión una administradora de fondos (la que tú elijas) se encarga de buscar una estrategia que se adapte a tu perfil de inversionista, poniendo sobre la mesa grupos de activos financieros, siendo tu quien escoge la que mejor te convenga, pero siendo ellos quienes administran ese fondo que tú elijas para tratar de obtener los mejores rendimientos, ¿Y como lo hacen?, si obviamente, con un grupo de profesionales en el ámbito que se encargan de monitorear los mercados bursátiles buscando las mejores opciones de inversión, dándote esto, la oportunidad de seguir con tu día a día sin preocuparte por revisar tus inversiones, además de que estos fondos de inversión te dan una liquidez diaria, dándote la ventaja de liquidar tu fondo en el momento que quieras.

(Liquidez: Capacidad que tiene un bien para ser transformado en dinero.)

En un fondo de inversión al igual que en un Etf tú estás aportando tu dinero junto con otro grupo de inversores para obtener una "canasta de activos financieros", con el mero interés de obtener un rendimiento con el menor riesgo posible, ¿Y por qué un Fondo de Inversión o ETF?. Pues por qué aparte de ser una inversión pasiva, son una inversión que requiere de poco conocimiento y de muy poco tiempo invertido, es decir, tú vas a una administradora, aportas tú capital, eliges tú fondo de inversión y esperas tus rendimientos, y en un Etf también, contactas a una casa de bolsa, eliges tu fondo cotizado o Etf, compras tu "canasta" y esperas tus rendimientos, así de fácil.

El fondo de inversión o el fondo cotizado son una buena forma de empezar a administrar tu dinero, de comenzar con ahorro y generar rendimiento.

Cabe aclarar, y recordar que entre menor es el riesgo, menor es el rendimiento, y a mayor riesgo mayor rendimiento.

El inversionista y empresario Estadounidense Warren Buffett, considerado uno de los mejores inversores de todos los tiempos, decía: **"El riesgo viene de no saber lo que estás haciendo"**.

En una buena estrategia de inversión primero te tienes que conocer bien, saber tú nivel de riesgo permitido, cuanto tiempo estás dispuesto a esperar y cuanto estás dispuesto a invertir sin miedo a perderlo todo.

Finanzas; ¿Que es una Fintech y como funciona?

Ya hemos hablado del dinero y de cómo ponerlo a trabajar para nosotros, una buena opción es La Bolsa de Valores pero otra igual y más segura es una Fintech ya que está te da rendimientos garantizados (según tu inversión) y protege con un seguro tu dinero invertido.

En una Fintech inviertes tu capital para el financiamiento a personas y/o empresas generando así un rendimiento por el pago de un interés previamente convenido, es decir, tú prestas tu dinero al igual que un banco (por poner un ejemplo) por un tiempo determinado y cobrando un interés a plazos, ya sea mensual, bimestral, anual o al finalizar tu inversión, dependiendo de tu perfil de inversión, esa Fintech te muestra los porcentajes de interés anual de cada inversión, siendo tu, quien escoge la que mejor te acomode. ¿Pero que diferencia hay al invertir en una Fintech o en una financiera tradicional?. La única diferencia es que las Fintech solo ofrecen productos y servicios financieros a través de las TIC's.

¿Que es una Fintech?

"Una Fintech es una empresa que ofrece productos financieros diversos a través de las TIC's (tecnologías de la información y la comunicación) con el fin de reducir costos y agilizar lo mayor posible las

operaciones, además de ofrecer mayor comodidad a inversionistas y clientes en general".

¿Como funciona una Fintech?

Una Fintech o también llamada financiera tecnológica por la derivación de las palabras "finance" y "technology" es como cualquier otra empresa financiera y funciona igual que ellas, solo que está, únicamente ofrece sus productos y servicios a través de internet y por medios tecnológicos como ordenadores, teléfonos, etc., tratando con esto de agilizar en lo mayor posible cualquier tipo de transacción a realizar, ya sea por clientes y/o inversionistas, y evitando el papeleo y el contacto persona/persona.

En una Fintech tú adquieres un producto financiero, tales como:
-Creación de créditos personales
-Pagos y transacciones
-Financiamiento colectivo
-Asesoramiento financiero online
-Criptomonedas
-Etc.

Agilizando con esta cualquier tipo de trámite o papeleo, solo bastará con conocer el servicio que requieres y todo lo podrás hacer a través de tu teléfono celular o computadora.

Hay que aclarar que debes investigar bien la Fintech en la que vas a poner tus ahorros, para así evitar ser víctima de fraudes cibernéticos.
Una Fintech segura debe estar regulada por la CNBV (Comisión Nacional Bancaria y de Valores).

Para poder poner a trabajar a nuestro dinero primero tenemos que poner a trabajar a nuestro cerebro, tenemos primero que entender conceptos básicos sobre todo lo relacionado a las Finanzas para así después entender el funcionamiento de cada aspecto relacionado al curso, movimiento y crecimiento del dinero.

Finanzas; ¿Que son las Finanzas y cuales son los tipos de Finanzas?

Nosotros en nuestro día a día conectamos directa o indirectamente con esta disciplina, todos en algún momento del día utilizamos dinero, tal vez para comprar alimentos, pagar el transporte, comenzar una inversión etc., pero siempre conectados a las Finanzas; bueno, pues a esto, se le conoce específicamente como Finanzas Personales.

¿Que son las Finanzas?

"Las Finanzas son el área de la economía que estudia el funcionamiento de los mercados de dinero y sus capitales".

Es decir, las finanzas es todo lo relacionado con el dinero, todo lo que pueda ser cuantificable económicamente hablando, dígase efectivo, tarjetas débito/crédito, bienes, ahorros, inversiones, etc.

¿Cuales son los tipos de Finanzas?

Existen diferentes tipos de finanzas como lo son:

-Las Finanzas Corporativas que se enfocan en el manejo del dinero a nivel empresarial.

-Las Finanzas Familiares, estas se enfocan, como ya su nombre lo dice, en el control de egresos, ingresos e inversiones de una familia y de cada uno de sus miembros.

-Las Finanzas Públicas que no es más que el manejo del dinero por parte del gobierno.

-Las Finanzas Personales que ya mencionamos antes y que son prácticamente como administramos, ahorramos e invertimos nuestro dinero.

Al final las Finanzas es lo mismo al nivel que lo veamos, es simplemente **"El manejo correcto del flujo del dinero"**.

Pero bueno, veamos.
Enfoquémonos en las Finanzas Personales.

Cuando nos referimos al correcto manejo del dinero, hacemos alusión al "como" y "en qué" gastamos nuestros ingresos, además de cuanto ahorramos e invertimos para nuestra mejor calidad de vida futura, ya que tenemos que ser disciplinados a la hora de la "tentación" y de gastar en pasivos, evitándolo a toda costa y tratando de adquirir siempre bienes activos.

Vamos a poner un ejemplo de cómo llevar mejor nuestras Finanzas.

Si tu como empleado percibes un salario de $1000 pesos semanales y con eso "vives", tienes que buscar la manera de ahorra una mínima parte y sobrevivir con el resto, y si, la verdad si es difícil, muy difícil de echo con ese salario, pero tal vez puedas empezar por ahí, cambia de empleo, o busca un ingreso pasivo, "todos tenemos un talento, busca y aprovecha el tuyo", otra opción con la que puedes empezar es dejando las deudas a un lado y lo que pagabas de ellas lo comiences a ahorra.

Pero bueno, volvamos.

Tu ganas esos $1000 pesos, ahorra $100 y vive con $900, esto, en lo qué haces crecer tu ingreso u obtienes otro, cuando lo consigas tal vez ya ganes $1500, sigue viviendo con $900, cuando tus ingreso aumenten aún más tu sigue viviendo con $900, durante todo este tiempo no dejes de capacitarte en el tema de las Finanzas para que todo ese ahorro lo puedas invertir correctamente y lo pongas a trabajar para ti, y entonces, solo entonces, tu verdadero estilo de vida cambiará.

Entendamos! El verdadero estilo de vida, no las apariencias, todo es un proceso y lleva tiempo, pero valdrá cada momento.

Un asesor financiero siempre te dirá esto, comienza así:

-Paga tus deudas.

-Crea un fondo de emergencia de mínimo 3 meses de tu sueldo, lo que percibas. Esto con la finalidad de evitar una deuda en caso de un imprevisto, haciéndote regresar al principio.

-Comienza a ahorra pagándote un sueldo a ti mismo. Si ya se que vas a decir que ya recibes un sueldo, no, no me refiero a eso, págate a ti mismo por lo qué haces, ¿Quien más lo valorara si no tú?, págate por lo menos un 10% de lo que percibes, esto es un buen inicio.

-Comienza a invertir primero en ti, en tu educación, en tu capacitación, lee libros, toma cursos, ¿Por qué abría de dolerte gastar en ti mismo, en recibir un consejo que te puede cambiar el enfoque?

-Inviérte tus ahorros, pon tu dinero a trabajar, tú ya trabajaste por el, ¿Le toca no?. Comienza con algo de bajo riesgo como renta fija, cuando lo entiendas cambia a algo más agresivo como la renta variable.

-También puedes saltarte el punto anterior, contrata los servicios de un buen asesor financiero y que el se encargue, el té llevará por el camino que mejor te convenga pero siempre tú tienes la última decisión.

Nadie se hace rico de la noche a la mañana, las Finanzas no son una receta mágica para ser millonario, las Finanzas son una disciplina donde todo depende de tu esfuerzo y perseverancia.

Inicia ahora cambiando tu estilo de vida y dejando de aparentar, hazte cargo de tus Finanzas y se responsable financieramente.

Finanzas; ¿Qué es el Crowdfunding y el Crowdlending? ¿Hay diferencia?

En el ámbito de las inversiones existen diferentes rubros para estas; Inversiones llamadas como P2P o Préstamos de Persona a Persona, Acciones en bolsa, Fibras, Fondos de Inversión, Fondos Indexados, Cete's, Bonos, Etc., pero existen dos términos muy peculiares dentro de ellas y son el Crowdfunding y Crowdlending.

¿Qué esl el Crowdfunding?

"El Crowdfunding (también traducido al español como Financiamientos en masas) es como su nombre los dice, el financiamiento colectivo para dar vida a un proyecto".

Es decir; se toma el capital de varios individuos (inversionistas) para financiar el proyecto novedoso de un emprendedor o el crecimiento de una empresa, y de estas se obtienen los recursos para pago de rendimientos y dividendos a inversionistas, esto generalmente es en línea y a través de un proceso llevado por una Fintech.

¿Qué es el Crowdlending?

"El Crowdlending (traducido como crowd-multitud y funding-prestamos de dinero) es el préstamo de

capital a empresas e individuos por un grupo de inversores".

Es decir; Un grupo de personas invierten capital para financiar a una empresa o a un individuo para que ellos cumplan sus objetivos personales (proyectos, vacaciones, pago de deudas, etc.), esto, con la finalidad de cómo inversionistas, obtener el retorno de su capital en el tiempo previamente acordado más un interés también previamente pactado; este generalmente también es en línea y a través de un proceso llevado por una Fintech.

La mejor ventaja.

Una de las más grandes e importantes ventajas del Crowdfunding y el Crowdlending es que maximizan la oportunidad al emprendedor, a la empresa o a la persona, de obtener su financiamiento, ya que no está limitado a que un solo inversor aporte el capital completo que se requiere para sus proyectos.

La mejor ventaja para el inversionista es que actualmente existen plataformas de inversión en estos rubros que te permiten empezar con cantidades pequeñas desde $200 pesos M/N o menos.

Diferencias.

Una de las pocas diferencias pero que son muy notables es que en el Crowdfunding el financiamiento es para un emprendedor o empresa, siendo tú, parte y accionista de ellas, obteniendo retorno de interés al incrementar la plusvalía de estas; y en el Crowdlending puede pasar lo mismo pero, también se pueden obtener rendimientos por el pago de intereses previamente pactados ya sea con la empresa (quien te podrá ofrecer acciones o rendimientos) o con el individuo (quien estará dispuesto a pagar intereses para lograr sus proyectos personales), este último es conocido como el P2P Prestamos de Persona a Persona.

Entonces.

Cualquiera de estas es una buena estrategia de inversión, solo tienes que hacer un pequeño análisis de cual te conviene más dependiendo de tu perfil de inversionista, al final el Crowdfunding y el Crowdlending son solo "términos", la importancia está en lo que hacen.

> **"Empápate de conocimiento y pon a trabajar tú dinero".**

Finanzas; ¿Que son las FIBRAS y cómo funcionan?

¿Quien no a soñado con tener una propiedad, una casa de playa, una oficina, o por qué no algo más grande, ser socio en un centro comercial o una industria?, ¿Que tal tener títulos de propiedad de Grupo Danhos, que es un desarrollador industrial dedicado a construir, rentar y administrar propiedades comerciales? ¿O por qué no unos títulos de propiedad de FUNO, otros desarrolladores de propiedades comerciales? ¿O Qué tal Fibra Monterrey, una administradora de propiedades corporativas (oficinas e industrias)?; Pareciera algo que no está al alcance de todos pero no es así, hoy en día con las Fibra's es más fácil de lo que parece.

¿Que es una Fibra Financiera?

"Las Fibra's o fideicomisos de infraestructura y bienes raíces son opciones de inversión en un conjunto de bienes inmuebles a través de un fideicomiso cuyos títulos se negocian en la bolsa de valores".

Las fibra's son inversiones realizadas en un grupo o conjunto de bienes inmuebles, los cuales son administrados y analizados previamente por un comité técnico, evaluando si dichos proyectos son viables para generar plusvalía o rentar.

Tú aportas un capital con el que se adquieren ese conjunto de propiedades para su renta y/o venta posterior obteniendo a cambio un retorno de inversión.

¿Bueno y cómo se gana rendimientos al invertir en ellas?

Pues hay dos principales maneras:

1.- Se obtienen ganancias al vender esos títulos de propiedad a un precio mayor, esto es cuando una propiedad aumenta valor o tiene plusvalía.

2.- Se obtienen ganancias por dividendos ya que son inversiones en inmuebles y generan rendimientos por arrendamientos, teniendo como obligación distribuir entre sus tenedores, y por lo menos una vez al año el 95% de su resultado fiscal.

Como dato: A través del tiempo se a preservado el valor del dinero en inmuebles, haciendo con esto que el dinero no pierda su poder adquisitivo.

Una de las más grandes ventajas de las Fibras financieras es que tú no tendrás que pasar por ningún trámite burocrático ni notarial, un comité técnico se encargará de todo por ti, se encargará de rentar, de cobrar, del mantenimiento, etc., quitándote muchas responsabilidades como dueño.

Otra ventaja de las Fibras financieras es que a diferencia de las acciones comunes, las distribuciones de estas no están gravadas con el 10% de impuestos adicional por conceptos de dividendos.

Con la llegada de la tecnología y las Fintech es más fácil acceder a estos fideicomisos inmobiliarios individualmente, existen plataformas que te permiten ser dueño con inversiones desde $1000 pesos M/N, otras mas que te permite ser dueño de oficinas, departamentos o bodegas industriales y así comenzar a generar ingresos por rentas de los mismos, además que tus participaciones de inversión pueden subir de valor a través del tiempo, esto es más conocido como el Crowdfunding Inmobiliario.

Las Fibras financieras sólo se pueden adquirir a través de la bolsa de valores como las mencionadas al inicio de este artículo, escoger la mejor depende de ti y de tu estrategia de inversión.

"Nunca olvides que la mejor inversión es en ti, en tus conocimientos".

Derechos Reservados

© Copyright

Reservados todos los derechos. Ninguna parte de esta publicación puede ser reproducida, almacenada o transmitida en cualquier forma o por cualquier medio, electrónico, mecánico, fotocopiado, grabación, escaneo o de otro modo sin el permiso por escrito del editor. Es ilegal copiar este libro, publicarlo en un sitio web o distribuirlo por cualquier otro medio sin permiso.

Marco Antonio Hernandez afirma el derecho moral a ser identificado como el autor de esta obra.

Marco Antonio Hernandez no tiene responsabilidad por la persistencia o precisión de las URL de los sitios web de Internet externos o de terceros a los que se hace referencia en esta publicación y no garantiza que el contenido de dichos sitios web sea, o seguirá siendo, preciso o apropiado.

Las designaciones utilizadas por las empresas para distinguir sus productos a menudo se reclaman como marcas comerciales. Todos los nombres de marcas y productos utilizados en este libro y en su portada son nombres comerciales, marcas de servicio, marcas comerciales y marcas comerciales registradas de sus respectivos propietarios. Los editores y el libro no están asociados con ningún producto o proveedor mencionado en este libro. Ninguna de las empresas a las que se hace referencia en el libro ha respaldado el libro.

Acerca del autor

Autor: Hernández Samperio, M. A. (Junio 2021). Finanzas Alcanzables; Finanzas para principiantes. CDMX.

Mi nombre es Marco Antonio Hernández, tengo 31 años y soy originario de la Ciudad de México; Soy Licenciado en Finanzas con cursos en Economía, PIB, Inflación, Bolsa de Valores, Acciones, Análisis Fundamental, Análisis Técnico, además de un Diplomado en Educación Financiera.

Frase: **"Haz crecer tus conocimientos y el dinero crecerá con ellos"**

www.ingramcontent.com/pod-product-compliance
Lightning Source LLC
Chambersburg PA
CBHW070855220526
45466CB00005B/2006